AF259983

LA
QUESTION ALGÉRIENNE

QUELLE SERA LA SOLUTION?

LA QUESTION
ALGÉRIENNE

QUELLE SERA LA SOLUTION ?

PAR

ÉMILE CARDON

PARIS

AU BUREAU DE L'ALGÉRIE AGRICOLE

3, RUE CHRISTINE

—

23 novembre 1860.

BIBLIOTHÈQUE IMPÉRIALE IMPR.

Paris. — Imprimerie de H. CARION, 64, rue Bonaparte.

QUESTION ALGÉRIENNE

QUELLE SERA LA SOLUTION?

On s'étonne que l'Algérie ne soit ni plus peuplée, ni plus prospère ; quant à moi, si quelque chose m'étonne, c'est qu'elle le soit autant, c'est qu'elle produise quelque chose, c'est que 200,000 Européens y résident encore. Aux populations, comme aux individus, il faut avant tout la sécurité et la stabilité ; et six mois ne se passent pas que les institutions de l'Algérie ne soient discutées ou mises en question, je ne dis pas dans les conseils du gouvernement, mais tout au moins dans la presse et dans le public.

En propageant des menaces continuelles de révolution ou de contre-révolution, non-seulement on arrête les efforts des populations, on entrave le développement de la colonie; mais les émigrants étrangers détournent les yeux d'un pays que la beauté de son climat et la richesse de son sol recommandent, pour porter leurs pas vers des rives lointaines moins privilégiées de la nature, mais dont la constitution politique et administrative leur offre plus de garantie.

Si la possession de l'Algérie importe à la France ; si, comme l'opinion publique le croit, la conquête de l'Algérie est un accroissement de territoire nécessaire à l'extension de la marine française, si elle offre des ressources agricoles et des avantages industriels et commerciaux, si elle agrandi notre influence européenne, si elle présente un débouché pour nos populations laborieuses, si c'est enfin, une grande œuvre civilisatrice à accomplir, il est grandement temps de faire cesser toutes les hésitations et de rassurer les esprits.

Ou l'Algérie doit être pour la France, une station, une étape militaire, un lieu de refuge pour notre flotte et notre marine marchande ; ou bien nous voulons y fonder un établissement durable, agricole, commercial et industriel?

Poser cette question, c'est la résoudre. « Il n'y a en Afrique, disait le maréchal Bugeaud, qu'un seul intérêt, celui de l'établissement que nous fondons pour y développer la population, le commerce et l'agriculture. Ces intérêts-là sont essentiellement civils. »

Du reste, si la première idée a eu ses partisans à une époque, cette époque est déjà bien éloignée, et depuis longtemps le dernier système a triomphé de tous ses détracteurs et personne n'oserait soutenir aujourd'hui que la France en Algérie doit se borner à une simple occupation militaire.

Si le premier système avait dû prévaloir ; si même on s'était trompé : si l'Algérie n'était pas en mesure de réaliser les espérances qu'on fonde sur elle, nous comprendrions parfaitement qu'on restituât à l'autorité militaire tous les pouvoirs qui lui ont été enlevés, car l'administration d'une place forte doit être entre les mains du chef chargé de la défendre. Mais si, au contraire, nous voulons, sur cette terre nouvellement conquise, fonder un état, former une nation, c'est à l'autorité civile seule que doit échoir cette tâche, car le travail civil ne peut fonctionner comme une corvée militaire.

Il y a vingt ans déjà, M. Evariste Bavoux, aujourd'hui conseiller d'Etat, après un voyage en Algérie, abordait et traitait, avec une grande vigueur de pensée, cette question si discutée et si importante du gouvernement à donner à notre colonie:

« Il en est de même des nations ; elles donnent leur premier âge à l'établissement de leur vie matérielle ; quand une fois elles se sont constituées en Etat indépendant et reconnu, alors commence pour elles une ère nouvelle : les droits de citoyen, la constitution civile et politique, confuse et étouffée sous l'autorité militaire, commencent à se développer et à revendiquer leur légitime place. C'est alors seulement en effet, qu'elle prend date dans l'histoire et lui offre un spectacle digne d'observation. La vie militaire a sans doute de l'éclat, la vue d'un peuple combattant pour son honneur et son indépendance est sans doute solennelle et sainte, mais c'est évidemment, et cela ne peut être qu'un état transitoire, et l'existence politique des nations est sans contredit le point de

vue philosophique et intellectuel de l'histoire ; c'est pour elle
une étude sérieuse et belle que le développement progressif
de cette vie politique marchant sans cesse, à travers les obstacles de tout genre, vers un but commun : la liberté.

« Ce que nous disons d'une société nouvelle qui s'inscrit
pour ainsi dire au rang des nations, il faut le dire aussi d'une
nation conquise. Sa conquête annonce la présence de l'autorité militaire aggravée de l'orgueil du vainqueur. Il y a donc
plus d'intérêt encore à la faire disparaître.

« C'est s'exposer, je le sais, au reproche d'ingratitude : la
cité à peine sauvée des périls du combat repousse son pro-
tecteur! C'est pourtant inévitable, je dirai même plus : c'est
rationnel et juste. Un soldat se précipite sur une batterie
ennemie : son courage héroïque emporte une place d'as-
saut : en ferez-vous, pour le récompenser, un administrateur,
un préfet ou un procureur du roi? Non, parce que ce sont
des missions différentes. Pourquoi donc confondre pour l'administration générale ce qu'il est si facile de distinguer dans
l'application des détails? Pourquoi donc conférer et mainte-
nir, sous peine d'ingratitude, à l'autorité militaire, des attributions qui ne lui appartiennent pas ?

« Pour que les affaires du pays prospèrent, il faut une
administration régulière et pour ainsi dire localisée, c'est-à-
dire confiée, dans chacune de ses parties, à ses spécialités
naturelles et rigoureusment limitées ; rien n'est plus nuisible
que la confusion des pouvoirs. Or, qu'est-ce que l'autorité
militaire se faisant administration ?

« L'autorité militaire a ses allures propres : sa part est
assez belle et assez large pour qu'elle puisse s'en contenter
et ne pas envahir un domaine qui n'est pas le sien. L'autorité
militaire est absolue, prompte, violente, brutale ; sa fougue,
son impétuosité sont utiles à sa mission, elle marche vite et
droit au but ; ses lois intérieures répondent toutes à ce besoin ; elles prescrivent avant tout l'obéissance passive, aveu-
gle, irréfléchie, irraisonnée, la discipline est à ce prix, et
aide l'existence même du pouvoir militaire ; elle n'admet ni
l'examen ni le contrôle ; aux plus beaux raisonnements elle
n'autorise qu'une réponse : celle de la baïonnette ou d'une
balle de calibre. »

Quelques années plus tard, dans une brochure semi-offi-
cielle, M. Lingay, maître des requêtes au Conseil d'Etat,
abordait la même question et se faisait l'interprète des populations en démontrant la nécessité imminente d'une réorga·
nisation de l'Algérie.

« Aussi quand les uns disaient que le ministre de la guerre
devait gouverner l'Algérie, parce qu'on y faisait toujours la
guerre, les autres répondaient qu'on y faisait toujours la
guerre, parce que c'était le ministre de la guerre qui la gou-

vernait. Nous ne déciderons pas entre ces deux opinions sur le passé; nous acceptons les faits, mais nous posons les principes pour l'avenir.

« Pour fonder un état, pour former une nation, il faut des qualités civiles et savoir y satisfaire par des institutions, je ne dis pas dans le cas actuel, politiques, mais administratives; et une bonne administration est encore une bonne politique. L'administration qui repose sur des connaissances acquises, sur des études spéciales, exige des esprits plus éclairés peut-être que la politique, qui n'est qu'une science du cœur humain, de tact et d'instincts généraux. Un militaire a-t-il étudié le commerce, l'agriculture, le génie civil, la jurisprudence, le crédit public et privé ? Voyez les programmes de nos écoles militaires. Ajoutez-y les habitudes des camps et des garnisons. Les militaires composent systématiquement dans la société une classe à part, avec ses lois spéciales, ses privilèges, sa manière de voir, ses préjugés, son habit; ils n'ont pas étudié l'ordre civil, ils ne le comprennent pas, souvent même ils le contestent; pour eux, l'intérêt dominant, c'est la guerre, et la guerre est la ruine de tous les autres intérêts. L'obéissance passive est leur foi ; la foi de la société civile, c'est la liberté individuelle, l'égalité devant la loi. L'arbitraire, telle est la loi militaire. Or, il faut des garanties à la colonisation, qui se fonde, avant tout, sur le respect de la propriété, la liberté du travail, la sécurité des capitaux; un gouvernement civil ne signifie donc pas seulement un gouverneur civil. A l'opposé du régime militaire, tout ne réside pas ici dans le chef, dans l'homme; un gouvernement civil se compose d'institutions, de lois, de réglements qui inspirent et dirigent le fonctionnaire. Le gouvernement militaire est tout personnel, le gouvernement civil est égal. Nous nous renfermons, en parlant ainsi, dans la question de principe, en laissant à ceux de nos lecteurs qui connaissent l'Algérie, ou qui voudront consulter les documents publics, le soin de juger la question de fait, c'est-à-dire de rechercher comment le pouvoir militaire a, depuis 1830, légiféré, réglementé, administré et colonisé. »

Cette brochure, publiée en 1846, concluait à la création d'un ministère spécial.

Ce n'est qu'en 1858 que ce ministère fut créé. Personne n'a oublié les considérants du décret qui l'instituait : « Vou-
« lant donner à l'Algérie et à nos colonies un nouveau té-
« moignage de notre sollicitude pour leurs intérêts, et favo-
« riser, autant qu'il est en nous, le développement de leur
« prospérité, etc., il est créé un ministère de l'Algérie et des
« colonies. Ce ministère sera formé des directions des af-
« faires de l'Algérie et des Colonies, qui seront distraites du
« ministère de la guerre et du ministère de la marine. »

Cette mesure combla de joie toutes les populations. La colonisation allait enfin devenir le principal but du gouvernement, et, par des mesures simples et salutaires, on allait pouvoir attirer en Algérie le courant de l'émigration européenne. Le programme du nouveau ministère se résumait en peu de mots : « Sécurité et justice pour tous : Français, Européens et Indigènes. Émancipation successive des hommes et des intérêts. »

En effet, on ne voit pas les hommes multiplier dans les contrées où la vie est étroite, l'alimentation difficile, la production entravée, la pensée comprimée, la liberté individuelle enchaînée ou restreinte. Les hommes se portent là où règne la liberté sous toutes ses formes et dans toutes ses applications : liberté politique, liberté civile, liberté religieuse, liberté industrielle, liberté commerciale.

Voyez l'Amérique, voyez les colonies anglaises, l'accroissement prodigieux de leur population, sans exemple dans l'histoire, n'est-il pas la consécration la plus éclatante qu'ait jamais reçue le principe de liberté.

Cet accroissement, il est vrai, on a souvent voulu l'attribuer à la fertilité du sol, à la beauté du climat, à la facilité de se faire une place au milieu des populations clair-semées de l'Amérique ou des colonies britanniques ; mais la terre est aussi fertile dans l'Amérique espagnole, dans la Guyane française, en Algérie : le climat y est aussi splendide, les espaces aussi considérables, et le colon en quête d'un champ à cultiver n'y aurait, là aussi, que l'embarras du choix. Pourquoi va-t-on aux Etats-Unis de préférence ? Pourquoi l'Allemand et l'Irlandais, l'un catholique et l'autre luthérien, y courent-ils avec le même entraînement ? Quel est le motif de la préférence, si ce n'est les institutions !

Tous ceux qui désirent le développement et la prospérité de l'Algérie et de nos Colonies avaient donc raison de se réjouir en voyant la création d'un ministère spécial ; du reste, leurs espérances n'ont point été déçues, et depuis deux ans à peine que ce ministère existe, il a été pris, dans l'intérêt de nos possessions coloniales, plus de sérieuses mesures administratives que n'en avaient présenté les administrations précédentes en vingt ans : institution des conseils généraux, extension de la justice civile, assimilation commerciale à la métropole, appropriation des terres, concession des chemins de fer, extension ou création d'institutions de crédit, agrandissement des territoires civils, grands travaux publics décrétés, concernant les ports, les routes, les dessèchements de marais, l'assainissement des plaines, et tant d'autres mesures qu'il serait trop long de rappeler ici.

Et cependant, plus d'une fois, l'administration a été arrêtée dans sa marche. Jusqu'en 1858, l'Algérie avait été regardée par l'autorité militaire comme sa chose, comme sa propriété ; elle avait fait tous ses efforts pour la garder, et elle devait considérer la constitution d'un ministère spécial comme une dépossession ; aussi, après avoir défendu les prérogatives qu'elle tenait de la conquête, il n'y a pas lieu de s'étonner si elle a fait, et si elle fait encore, d'énergiques efforts pour regagner le terrain qu'elle a perdu. Tout ce qui tend à agrandir l'influence civile est repoussé par l'autorité militaire avec l'énergique désespoir de l'homme qui va périr et qui veut sauver sa vie. Devant l'Empereur, à Alger, cette autorité a tenté un effort suprême, elle a démasqué toutes ses batteries et dirigé un feu roulant sur l'autorité civile qu'elle regarde comme son ennemie ; se croyant souveraine légitime et absolue, elle a cherché à renverser le pouvoir usurpateur qui l'a remplacée ; mais, dans le siècle où nous sommes, les pouvoirs absolus s'évanouissent devant la liberté. La tentative de restauration faite à Alger n'a pas eu le moindre succès, et nous avons la conviction qu'elle n'en aura pas plus à Paris.

Malheureusement, l'anarchie des pouvoirs exerce une influence fâcheuse sur l'esprit des populations. En présence des conflits administratifs tout souffre, tout périclite ; les affaires s'arrêtent, les capitaux se cachent, les populations désertent ; la misère est à son comble, le désespoir est partout. Il n'y a ni commerce, ni industrie, ni agriculture, ni transactions, ni travaux publics. Tout le monde liquide le peu qui lui reste pour regagner une terre plus hospitalière.

Il faut rassurer les esprits sur les bruits de changements que l'on propage par tous les moyens, et arrêter la panique produite par la crainte d'une réaction. Il faut une solution.

Quelle sera cette solution ? — Une brochure, signée par un ancien membre du Conseil général de la province d'Alger, conclut à la suppression du ministère de l'Algérie et au retour d'un gouverneur général militaire ; un journal qui avait toujours soutenu l'autorité civile, *le Moniteur de la colonisation*, semble se ranger de cet avis. Quant aux militaires, ils évoquent le fantôme de la nationalité arabe, comme on menace de Croquemitaine les enfants peureux.

Revenir à l'ancienne administration nous paraît difficile, impossible même, à moins qu'on ne veuille faire de l'Algérie qu'un camp, qu'une station militaire ; mais si l'on veut coloniser, il faut se rappeler la situation du pays, lorsque le ministère spécial a pris les rênes du pouvoir : « Beaucoup de « bien a été fait, des résultats immenses ont été obtenus ; « mais on ne peut se dissimuler qu'il y a des abus à faire « cesser, et qu'il faut pour cela beaucoup de force et d'unité « de volonté. La conquête et la sécurité sont entières ; grâce

« aux efforts glorieux de notre armée, les crimes sont rares,
« les routes et les propriétés sont sûres, les impôts rentrent
« bien ; et cependant la colonisation est nulle : deux cent
« mille Européens à peine, dont la moitié Français ; moins
« de cent mille agriculteurs ; les capitaux rares et chers ;
« l'esprit d'initiative et d'entreprise étouffé ; la propriété à
« constituer dans la plus grande partie du territoire ; le dé-
« couragement jeté parmi les colons et les capitalistes qui se
« présentent pour féconder le sol de l'Algérie. Telle est la
« situation vraie. »

Quant au fanatisme arabe qu'on exhume, il ne serait à craindre que dans le cas où, comme l'armée turque, l'armée française ferait cause commune avec la révolte. Discuter cette possibilité serait calomnier notre brave armée.

Quant aux insurrections partielles, tout le monde sait à quoi s'en tenir en Afrique, et un chef de bureau arabe, M. Hugonnet, nous a, avec beaucoup de naïveté, raconté comme cela se passait : le récit est instructif, aussi je demande la permission de le reproduire :

« Une colonne, commandée je suppose par un colonel qui voudrait bien devenir général, vient de faire une excursion dans le pays ; les ordres de l'autorité ont été exécutés ; toutes les causes d'inquiétudes, de troubles ont disparu devant nos troupes ; il est impossible d'espérer une affaire de vigueur. On va donc être obligé de ramener la colonne dans ses cantonnements ; les troupes vont se séparer, le chef militaire regagner sa garnison. Pour lui, c'est une occasion perdue ; il se demande avec déplaisir quand et comment elle pourra renaître. L'entourage du colonel, les officiers ambitieux et remuants du corps de troupes, sont également peinés et fort mal disposés. Dans ces circonstances, le commandant en chef de la petite armée fait mander les principaux personnages des tribus sur lesquelles il est campé ; il les rudoie quelque peu, et cherche des prétextes de remontrance (toujours par voie d'interprète).

« — J'ai appris que vous n'étiez pas très soumis ; vous avez laissé passer des révoltés chez vous, lors de la dernière insurrection, et certainement, vous étiez un peu de connivence.

« — Mais, Seigneur, point du tout : nous avons, au contraire, garni nos positions, empêché les fuyards de passer chez nous ; nous leur avons même pris du bétail. Renseigne-toi, tu verras que nous nous sommes montrés fidèles serviteurs.

« — Ah bah ! je n'en crois rien ! Et vos impôts, les avez-vous payés ?...

« — Seigneur, nous ne les payons chaque année qu'à la notification du bureau arabe ; il serait gênant pour vos comptes, nous a-t-on dit, d'acquitter avant, mais nous sommes tout prêts.

« — Je remarque que vous ne m'avez pas bien reçu, ni moi, ni ma colonne; vous vous moquez de nous., mais prenez garde, vous pourriez le payer cher.

« Là-dessus, protestations de plus en plus vives de la part des indigènes, qui finissent quelquefois par dire quelque chose de désagréable, tel que ceci, par exemple : — « Seigneur, tu écoutes les mensonges de quelques juifs menteurs, mais on ne te dit que des choses fausses. »

« C'est le moment que semble attendre le chef impatienté : « Vous voyez bien, s'écrie-t-il, que vous manquez au respect qui m'est dû ; je sais mieux que personne qui je dois écouter ; vous êtes des insolents : vous serez punis. » Et aussitôt le signal est donné.

« Un escadron à cheval au plus vite, des bataillons armés, mais sans bagages, ont ordre de parcourir les environs et de saisir les troupeaux. Dans la bagarre, il n'est pas rare de voir un berger ou un maître de bestiaux, céder à l'irritation et faire feu sur les capteurs ; alors, le colonel triomphe. « Je sais bien, dit-il, cette fois. que j'avais affaire à une mauvaise population, qui a besoin d'être menée rudement. » Et, heureux du coup de fusil accidentel, il ordonne une opération en grand qui amène encore quelques détonations, des prises copieuses, et surtout le thème d'un bulletin. C'est là ce qu'on appelle la razzia de pied ferme. »

Si l'heure des travaux pacifiques et de la mise en rapport du sol est arrivé; si dans nos mains, la conquête doit être une rédemption, comme le disait l'Empereur à Alger, il ne faut certainement pas revenir au régime militaire.

« La Providence, disait encore Sa Majesté, nous a appelé à
« répandre sur cette terre les bienfaits de la civilisation. Or,
« qu'est-ce que c'est que la civilisation? C'est de compter le
« bien-être pour quelque chose, la vie de l'homme pour
« beaucoup, son perfectionnement moral pour le plus grand
« bien. »

Nous avons vu, d'après M. Evariste Bavoux, que l'autorité militaire n'admet ni examen, ni contrôle, et qu'aux plus beaux raisonnements, elle n'autorise qu'une réponse; celle de la baïonnette ou d'une balle de calibre.

« Quant à ces hardis colons, qui sont venus implanter en
« Algérie le drapeau de la France, et, avec lui, tous les arts
« d'un peuple civilisé, ai-je besoin de dire, ajoutait l'Empe-
« reur, que la protection de la métropole ne leur manquera
« jamais. Les institutions que je leur ai données, leur font
« déjà retrouver ici leur patrie toute entière, et, en persévé-
« rant dans cette voie, nous devons espérer que leur exemple

« sera suivi, et que de nouvelles populations viendront se
« fixer sur ce sol à jamais français. »

Les craintes que font naître les bruits qui circulent
depuis quelque temps, nous paraissent donc exagérées ; les
institutions données par l'Empereur comme un témoignage
de sa sollicitude pour les intérêts de l'Algérie ne sont donc
point en danger, malgré les efforts que l'autorité militaire
pourra faire pour reconquérir ses prérogatives.

Le ministère de l'Algérie et des colonies ne disparaîtra pas,
nous en avons la conviction ; ce ministère est indispensable si
l'on veut favoriser le développement de la prospérité de nos
établissements d'outre mer.

Plusieurs puissances en Europe possèdent des colonies :
l'Angleterre, la Hollande, la France, l'Espagne, le Portugal, etc. ; les colonies anglaises et hollandaises sont riches et
prospères, celles de l'Espagne et du Portugal, sont pauvres
et dépérissent au lieu de grandir. Nous savons quelle était il
y a deux ans et quelle est encore la situation de nos colonies.
L'Angleterre et la Hollande ont une administration coloniale
spéciale ; en Espagne et en Portugal, l'administration ressort
du ministère de la marine, comme avant 1858, l'Algérie et les
Colonies en France n'étaient qu'un accessoire des ministères de
la guerre et de la marine. La différence qui existe dans la
situation des possessions coloniales des différentes puissances
européennes ne proviendrait-elle pas de la nature différen-
tielle des administrations qui les gouvernent. Quant à nous,
nous le croyons. Si donc, la France veut franchement le développement de la prospérité de ses possessions coloniales,
comme l'Angleterre et la Hollande, leur administration doit
être laissée à un ministère spécial.

Est-ce à dire pour cela que tout, dans l'organisation actuelle, soit pour le mieux. Telle n'est point notre pensée.

Dans l'organisation actuelle de l'administration algérienne,
il y a une source incessante de conflits qui doit disparaître.
L'autorité militaire a encore un pied dans l'administration,
et ce pouvoir qu'on lui a laissé, tous ses efforts tendent à
l'agrandir. Là est le mal. La bonne volonté de l'autorité
civile vient se briser contre cette barrière que le génie militaire cherche à consolider. Il faut de toute nécessité que
l'autorité militaire ne cherche plus à envahir un domaine
qui n'est pas le sien, il faut lui retirer les attributions qui ne
lui appartiennent pas, il faut que, sur la terre algérienne
comme sur la terre française, elle ne soit plus que l'instru-
ment de l'autorité civile, un des éléments de la force publique, rien de plus.

Rien n'est plus facile, même en conservant les territoires
militaires si on les croit nécessaires encore à la sécurité du
pays. Il suffit pour cela de laisser aux généraux division-

naires leurs attributions essentiellement et purement militaires, et de nommer des préfets militaires, ayant en territoire militaire, les mêmes attributions administratives que
les préfets dans les départements. En un mot de retirer aux
généraux divisionnaires les fonctions de préfets qu'ils exer-
cent en territoire militaire. Quant aux préfets militaires, ils
n'auraient sur l'armée d'autres pouvoirs que ceux conférés aux
préfets civils.

Dans ces conditions les conflits ne seraient plus à craindre, et ce régime transitoire permettrait d'attendre le jour
où il n'y aurait plus qu'un seul territoire, le territoire
civil.

Une partie de la population algérienne voudrait sans doute,
une mesure plus radicale encore ; elle voudrait une centralisation administrative à Alger ; mais ses vœux sont en oppo-
sition avec une autre portion de la population qui, elle, rêve
une assimilation complète à la France.

Quant à l'assimilation, je partage ici complétement l'opinion
de M. Coquerel. — C'est une impossibilité. De plus cette
assimilation serait fatale à l'Algérie qui formerait trois départements se confondant au ministère de l'intérieur avec
les quatre-vingt-neuf autres pour l'administration, au ministère de l'agriculture pour le commerce et les travaux publics,
et ainsi pour la justice, les finances, la marine, la guerre, etc.
C'est inapplicable d'abord ; ensuite si, avec un ministère spécial,
on trouve moyen de se plaindre que les intérêts généraux de
l'Algérie sont souvent méconnus, quelles décisions pourrait-
on espérer lorsqu'ils rentreraient dans les attributions d'un
commis principal ou d'un sous-chef du ministère de l'intérieur ou du commerce.

Quant à la centralisation administrative à Alger, c'est-à-
dire à la création d'un pouvoir algérien, unique, considé-
rable, c'est une question qui mérite d'être étudiée et exami-
née avec attention.

L'Angleterre, qui nous donne l'exemple d'une admirable
entente des questions et de l'administration de ses colonies,
l'Angleterre possède, comme nous l'avons dit, un ministère des colonies ; enfin, ses colonies s'administrent par
elles-mêmes, en quelque sorte. Ces colonies ont pour chefs
des gouverneurs civils, elles ont des conseils coloniaux, véri-
tables *législatures*, avec lesquelles les gouverneurs doivent
compter, sans lesquelles ils ne peuvent ni légiférer, ni coloniser. Au nombre des causes qui ont le plus contribué aux
progrès de la colonisation dans les possessions britanniques,
il serait injuste de ne pas mentionner surtout cette politique
libérale de la métropole à l'égard de ses sujets d'outre-mer.
L'anglais qui émigre retrouve les institutions politiques et
administratives de la mère-patrie. A cinq mille lieues de

Westminster, il sait qu'il n'a rien perdu de ses droits, qu'il est aussi libre, aussi sacré dans son indépendance personnelle que s'il était demeuré dans son comté ; colon, il ne cesse pas d'être anglais. Il y a là pour lui, dit M. Lavollée, dans un travail remarquable sur l'émigration anglaise, il y a là pour lui, une vive satisfaction d'amour-propre, mais encore une sérieuse compensation de l'exil. L'émigration n'est plus alors qu'un changement de résidence, qui n'impose au sentiment national aucun sacrifice et qui s'accomplit comme un acte ordinaire de la vie : elle ne mesure plus les distances, elle ne recule point devant les périls d'un long voyage, elle envisage de-sang froid tous les obstacles, du moment qu'elle se voit défendue contre l'arbitraire et protégée par la loi commune.

Doter l'Algérie d'une constitution calquée sur la constitutions des colonies anglaises, lui donner une représentation nationale, lui permettre de contracter des emprunts pour exécuter ses grands travaux publics, comme cela a lieu pour les colonies anglaises, la laisser libre de se donner des lois intérieures, lui donner la liberté d'écouler ses produits sur les marchés étrangers et de s'approvisionner partout des objets qui lui manquent ; la gratifier d'un gouverneur civil, l'émanciper en un mot, tout en la rattachant à la métropole par l'intermédiaire du ministère des colonies pour toutes les questions qui auraient besoin de l'approbation du Chef de l'Etat, du Corps Législatif ou du Sénat ; ce serait là, certainement, faire beaucoup pour le développement agricole, commercial et industriel du pays, ce serait élever une nouvelle France pour l'introduire dans la grande famille des nations civilisées.

Voilà bien des solutions à la question algérienne ; laquelle adoptera-t-on ? Je ne suis pas dans le secret du gouvernement ; mais ce qu'il importe, avant tout, ce que l'Algérie demande, ce qu'elle réclame, c'est une solution qui fixe son avenir, qui ne lui laisse plus de doutes, ni d'appréhensions, qui lui permette, enfin, de marcher en toute sécurité dans la voie du progrès.

Emile Cardon.

Paris, 23 novembre 1860.

BIBLIOTHÈQUE IMPÉRIALE IMPR.

www.ingramcontent.com/pod-product-compliance
Lightning Source LLC
Chambersburg PA
CBHW051324050726
47595CB00008B/3691